AF282858

Confundidos en el cosmos

Bienvenido Díez Pérez

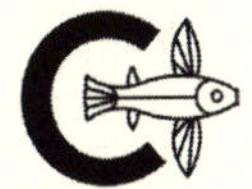

Confundidos en el cosmos

Primera edición: 2024

ISBN: 9791387602222
ISBN eBook: 9791387602673

© del texto:
   Bienvenido Díez Pérez

©de la imagen de portada:
   Félix Delgado Pérez

© del diseño de esta edición:
   Caligrama, 2024
   www.caligramaeditorial.com
   info@caligramaeditorial.com

Impreso en España – Printed in Spain

*A mi hijo, Omar Díez Pazo,
un hombre del mañana.*

*Que tu mente permanezca lúcida
en el sendero del aprendizaje,
siempre coherente con valores
en el conocimiento del bien,
que te guiarán a la dicha.*

Entre lo íntimo
y lo universal

Recuerdo que el 31 de diciembre de 1989, en León, le comenté a mi amigo Aldo Sanz que llevaba más de seis años sin escribir, aunque la escritura había sido mi refugio en momentos difíciles. Aldo, con firme convicción, me animó a retomar esta práctica. De vuelta a casa, mi hijo de seis años me propuso algo conmovedor: si yo volvía a escribir, él también lo haría. Este acuerdo espontáneo no solo reavivó mi deseo de escribir, sino que también fortaleció nuestra relación, nutriendo sus inquietudes creativas.

El 1 de enero de 1990 escribí «Ternura». Las palabras fluyeron con naturalidad, como si hubieran estado cautivas, esperando ser liberadas:

«Su voz hermosa, su boca,
recordaban las promesas
    de palabras y canciones...».

Al día siguiente, compuse otro poema y establecí un ritual: una tarde a la semana, tras dejar a mi hijo en la escuela, me sentaba a escribir. Poco a poco, las páginas de lo que sería este libro comenzaron a llenarse.

En este proceso, encontré una forma de capturar la fugacidad de la infancia, esa etapa en la que cada experiencia cristaliza de forma singular. Poemas como «Ángeles transparentes» y «El murmullo de los gnomos» abordan las complejidades del dolor y la alegría, así como detalles sutiles que invitan a la introspección. «La aurora de tu pecho» presagia el dolor inherente a la vida, mientras que «Música en el sueño» evoca emociones que solo un niño puede despertar. En estos textos, realidad y fantasía se entrelazan con la curiosidad innata y la inocencia de la niñez, como en «Enigmático código infantil»:

«Nadie puede imitar los jeroglíficos.
Los niños trazan, sin pretensiones,
las líneas secretas del destino».

En julio de 1990, cuando mi hijo viajó a Italia, su ausencia dejó un vacío que germinó en nuevas reflexiones. Paradójicamente, la distancia intensificó la inspiración, ofreciéndome otra perspectiva. Tras su regreso, sentí que aquella libreta ya contenía todo lo que necesitaba expresar y decidí dar por concluido el poemario. A partir de ese momento, me propuse buscar nuevas formas de alentar su creatividad, su diversión y su ansia de aprender.

El título *Confundidos en el cosmos* alude a nuestra pequeñez frente al universo y, al mismo tiempo, celebra el amor como fuerza unificadora. Lo cotidiano —el mar, las estrellas, la noche de Reyes, un grillo o los pájaros— se transforma en metáforas, fusionando lo real con los sueños infantiles.

En estas páginas, el cosmos deja de ser un escenario distante para convertirse en un espacio vibrante, donde proyectamos nuestras emociones, dudas y esperanzas, encontrando nuestro lugar en esa vastedad a través de los lazos afectivos. Aunque esta obra surgió de una experiencia personal, invita al lector a adentrarse en sus versos y descubrir en lo cotidiano cuestionamientos existenciales. La poesía, como el universo, nos recuerda que todos estamos un poco perdidos, buscando nuestro lugar y propósito. Nacida en lo íntimo, la poesía resuena en la conciencia ajena, conectándonos con lo trascendente a través del amor y la creatividad, e integrándonos en ese todo que apenas intuimos y que jamás comprendemos del todo.

Con estos versos, espero que el lector redescubra la curiosidad infantil y su sabiduría innata que nos conecta con el misterio del cosmos.

Bienvenido Díez Pérez

Introducción
Guiños en campos
de la eternidad

En la fluida cadencia de tus versos,
captas la luz indescifrable del solsticio.
Las palabras centellean, presagios,
    fascinantes fantasías.[1]

Porque ves que los días se desangran
y el viento gime con voz infantil,
te acercas a las almas que se pierden
    en la bruma del olvido.

---

[1]   Véase en la segunda parte «Poesías de Omar Díez Pazo»
(5-8 años).

Cuando la tarde cae sobre mi ánimo,
llegas envuelto en tenue resplandor.
Eres un ser sin desconfianza, más
    puro que un ángel sobre la almohada.

La danza desafía eternidades.
Los grillos custodian tus pensamientos,
y las fieles estrellas te acompañan,
    vistiéndote de un nuevo amanecer.

Ternura

Aquella noche sin sombras,
su voz hermosa, su boca,
recordaban las promesas
    de palabras y canciones.

Quemé los sellados párpados
para que el fulgor poblara
    los juegos de la memoria.

Simpatía

Meciéndote en la cuna,
tu corazón irradia claridad.

Cuando sonríes, tus ojos descubren
un mundo donde danzan los payasos.

Espejismo del tiempo

El tiempo parece ofuscar la razón,
para sumirnos en dulces delirios,
cuando pasa, en silencio como un gato,
    deshaciendo la belleza.

De su mano, al vuelo,
llegó tu primer balbuceo.
Y la conciencia estalla
    en su efímera presencia.

Tu suerte se cincela, sencilla y encendida,
    en cada instante.

En ti se refugia
la esperanza

Te escribo con gratitud,
como al amigo que llega a la puesta del sol.
En cada línea, busco
    palabras de sincera honestidad.

Presiento peligros.
El viento agita las hierbas,
y hace temblar las plumas de las aves.
Niños heridos que miran su carne,
recordando los horrores de la guerra.
    Aléjate de esa sombra.

Ángeles transparentes

En tus ojos, inmaculados santuarios,
las semillas encuentran su sentido,
las campanas iluminan tus pupilas,
        y ángeles transparentes deambulan.

Fuerzas ocultas te sostienen,
el espacio palpita con tus años,
impregnando al vacío de materia,
        sollozo y satisfacción.

Noche de Reyes

Esta es la noche mágica de Reyes.
Bajo el cielo atávico,
tu gesto conmueve.
Los rayos de la aurora nos envuelven,
y en silencio desvelas al niño,
    despertando la ilusión de libertad.

Nuestra memoria evoca
idénticos recuerdos,
creyendo en lo aparente,
para explorar el camino recóndito,
entre la claridad y la penumbra,
    donde habitan los milagros.

Poesía en el alféizar

En tus versos capturas
la luz indescifrable del solsticio.
Tus imágenes vibran
    con la esencia del poema.

Las golondrinas, con sus ojos ciegos,
vienen a refugiarse en el alféizar,
    cuando la oscura noche nos envuelve.

Frases nunca dichas
    iluminan las tinieblas.

El murmullo de los gnomos

Vuelven los gnomos cantando,
con romero del riachuelo.

Al descubrir su canto,
un murmullo incesante se eleva,
sin que el tímpano vibre.

Su cortejo te invita,
deteniendo el reloj,
para despertar tu instinto
en espejos cristalinos.

Enigmático
código infantil

Nadie puede imitar los jeroglíficos.
Los niños trazan, sin pretensiones,
	las líneas secretas del destino.

Su risa, plena de vida, es el mar,
donde figuras de todos los tiempos
se encuentran, revelando quiénes somos,
	en magnéticas sendas de pasión.

Música en el sueño

Fluyen sonidos que son capturados
    por la belleza vibrante del cosmos.

Las ondas sonoras despiertan
a las hadas que danzan
    al compás de la suave melodía.

Por un instante,
el universo abandona
    su trágico destino.

Arropado por las notas,
se mece feliz en la cuna,
    como la flor sobre su tumba.

Paseo en el campo

Brotan los hechizos en tu pecho,
tu mente, reflexiva, se emociona
en la hora del alborozo.
El viento, entre los árboles, entona
la oración primaveral.

Vienen con su mirada los corderos
y las nubes se acercan lentamente.
Indolente, sonríes con el vuelo del pájaro,
escuchando susurros de las ninfas.
Dejas tu mano en la frente de la vaca
y, en las últimas horas de la tarde,
recoges flores mágicas que brillan.

Germina el verso

Sentado, escribiendo un libro,
el rumor de la brisa por tu piel
te alza como un tallo solitario
    en campos de abundancia.

El sol acaricia tu semblante,
mientras el polen desciende al suelo
    con los secretos fértiles del germen.

En la fluida melodía de tus versos,
las tardes se colman
de emoción indescriptible:
    el tesoro veraz del paraíso.

Cuando dejas el colegio

Con golondrinas en las manos sales,
ensimismado en signos y vocablos,
      cómplices de hechizada inspiración.

Ignoras aún las tinieblas que acechan
y las sombras escondidas tras la gracia.
Tu pensamiento, del color de la ternura,
es ardiente, veloz y luminoso,
      al acercarte al oasis de la vida.

La caligrafía queda en el olvido.
La fantasía se desborda con los duendes,
entre las nubes, se alza tu cabeza,
hasta que, al fin, me ves mirarte, y acudes,
huidizo como el fuego,
      desafiando las fronteras.

Caudal insondable

Manos inquietas que nunca descansan,
dedos que buscan, ansiosos,
        destellos en la penumbra.

Los niños juegan con el corazón,
        ajenos al caudal de su sangre.

El sueño devora al sueño,
se fragmenta, arrastrando consigo
—hacia el insondable mar—
        la lucidez de la razón.

Voz cristalina

Voz de niño se expande con la luz,
    ilumina corolas y semblantes.

Eco que en el viento se diluye,
se arremolina en el bosque,
    acariciando pájaros y nieve.

Voz infantil, cristalina, diáfana:
    en cada aliento envuelve su mensaje.

La danza de las aves

La eternidad asciende con la danza.
Tiemblan inquietos los pájaros,
    que vuelan de la rama a tu rincón.

Sus picos beben del cielo y la tierra.
Frágiles cuerpos que ansían
    la serena energía de tus manos.

En la secreta coreografía,
    se entrelaza lo intangible.

Heredero del fuego

Tu mirada resplandece
        y enciende la aurora.

Templo de sangre y fuego,
sobre tierra consagrada
        por latidos de ancestros inmortales.

Cual sirena doliente

El porvenir es un lamento de sirena
en la bruma sombría del tiempo,
   donde la paloma mensajera es la
      esperanza.

El amor y los libros nos brindan consuelo
   en la penumbra del abismo.

Tú revelas valores cotidianos,
anunciando una nueva primavera,
   que alumbra la nostalgia.

En el hueco del corazón
   ya no cabe más afecto.

Corazón sagrado

Quien sepa traspasar tu corazón,
percibirá la exuberancia de la sangre.
En él renacerán los moribundos,
pues encarna el valor de nuestra especie.
También vendrán los mendigos
a recibir la fuerza de tus venas
    y a sentir el latido de bondad.

Almas sedientas, desde los confines del
                tiempo,
acudirán a recoger el hilo
    de la sangre primordial.

Despierto en el futuro

Ofrezco paz para que encuentres,
en la desmenuzada nieve,
    lo no nacido y olvidado.

Aún resuenan ecos de combates,
atronadores golpes de titanes,
que despiertan a la luna del letargo.
Mira besos fugaces que se funden,
    como copos en el agua.

Sombras creadoras

Tus dedos juegan entre sombras chinas,
    tejiendo la piel del porvenir.

Tus manos desvelan, con su baile,
el palpitante corazón humano,
en la serena calma de la vida,
que sería caótica y absurda
    sin la plena armonía de tus gestos.

Tus manos buscan libros que obedecen
y melodías, ávidas de canto,
    nacen en este mundo.

Tus manos son espejos que reflejan
    infinitos universos.

En tu cuarto

En tu cuarto, morada de memorias,
los libros te susurran suavemente,
y los juguetes esperan
      un gesto de tu mano.

Silencioso durante tantas horas,
renace con la fuente de la vida,
cuando cruzas el umbral,
rompiendo el mutismo ciego,
      y el velo de cenizas se disipa.

Cuando el día expira, acuden hadas
a custodiar el sueño de tu mente,
y los ángeles guardianes velan
      para que la oscuridad no la someta.

¡Cuánto quisiera comprender tus sueños,
cuando, durmiendo, esparces inocencia!
Y cuando la noche se repliega derrotada,
    sencillamente te levantas.

La estancia queda vacía sin tu alma,
sus paredes, en soledad, se desfiguran
    aguardando el instante del regreso.

Versos para Omar

Escribo tu nombre, que inunda mi mente,
se funde en mi silencio
        y emerge en el verso.

Los planetas titilan como estrellas,
en tu mirada su espacio se expande.
Mundos lejanos para la aventura,
aguardan en sigilo la próxima batalla,
y sonriente te entregas, esperando
        los abrazos de quienes no se rinden.

El tiempo nos envuelve, se reclina,
y borra los vestigios de esos monstruos
que, ya inertes, solo en sueños
        nos acechan.

Tu rostro se arrebata cuando brilla el sol,
escuchando el fervor azul del cielo,
hasta que el límite de lo real
te devuelve volando a la rutina
de los deberes escolares.

Despertar en la lectura

En el tenue amanecer,
la luz desvela al pájaro y al niño.
El viento los despierta,
    y juntos juegan.

La niebla envuelve la aldea,
y aflora la canción en las fibras de los nervios,
que ensayan palabras,
    ecos del laberinto de la mente.

Acantilado del encuentro

En el papel, aguardo las palabras
que alumbren el sendero.
Tus ojos, tan abiertos al recuerdo,
se alzan
hasta el acantilado del encuentro,
    donde la incertidumbre se disipa.

La inquebrantable esperanza presiente
que el poema en ti
    no quedará yermo.

Efímera riqueza

Delicado es el tesoro de tu risa.
En tus palmas ofreces los poemas,
　　salpicados de sueños y de arena.

Purificando mi alma en el exilio,
descubro en tus manos sinceras
　　la efímera belleza de los lirios.

Anhelada tormenta

Agotado, tras horas de dolor,
contemplo la lluvia sobre las rocas,
ansiando que el rayo
    revele, al fin, tu figura.

Con la melodía de tu risa,
la luna se despierta y las estrellas te acompañan
    hasta el amanecer.

La sagrada energía
de tus ojos

Ojos sagrados, como piel de ciervo,
recorren mares, montañas, corales,
  desvelando la raíz de los misterios.

Se despiertan sonrientes, sin reflejos,
hasta alcanzar la mirada del águila
  en su instinto.

Las panteras acechan, envidiosas,
  porque no se dignan a rendirlas.

Miradas límpidas, que nos descubren
y embriagan, como dulce fruto,
para, como relámpago, alcanzar
  los mares de la luna.

Los grillos

Los grillos perciben tus pensamientos,
adivinan la fuerza que proyectas,
intuyen el movimiento en tus labios
    y aguardan en silencio tu canción.

Los grillos presienten tus deseos,
anhelan tu aliento y tu mente,
pero no son ladronzuelos, más bien,
    mendigos de tu vigor.

Frágiles criaturas que se ocultan,
ofrendando su existencia misteriosa
    por tu efímero presente.

En la orilla

En el borde de tus ojos,
el afecto borra huellas
de distancias y silencios.

Cuando los días inquietan,
los brazos son la respuesta.
Mientras, las aves aguardan,
cautivas en el misterio.

En la orilla de tus ojos,
tibias lágrimas revelan
la esencia del amor.

Creces libre

La vida se desborda,
tu fuerza se expande,
emana de la piel.

Los brazos, como ríos,
el cuerpo, un templo,
en sereno reposo.

El filo del tiempo

Se desborda inocencia en cada aurora,
hasta que el tiempo marque los confines
de esta frágil criatura.

Los dioses calman el cielo,
mientras en cada instante contemplamos
su etérea belleza.

Nos aguardan los bosques sagrados
que prodigan sus dones.

Persevera

Las serpientes se desnudan en el suelo,
los jilgueros enmudecen en el polvo.
    No importa.

Aunque se desangre el corazón,
    persevera.

Una flor se sostiene en el asfalto.
Alguna mano amiga te guiará
    hacia el jardín soñado.

La herida del cielo

El tiempo danza contigo,
en la cuenta de los días.
Con tus versos y sueños amaneces,
    custodiando el umbral de la nada.

El tiempo juega conmigo,
ligado a tu sublime compañía,
    hasta que llegue mi hora de partir.

Llamada en la distancia

Me llamas. La distancia nos enlaza,
    atravesando la urbe desolada.

En el albor, se saciará la sed
    que ahora nos desgarra.

Pasos errantes hallarán tu rostro,
    vigilante y esperanzado.

Flores como plegarias

Forjaría con flores cada verso,
cubiertas de rocío,
como si fueran discretas plegarias.
Pero el dolor arrastra sus grilletes,
ahoga la voz
      y nos envuelve con incertidumbre.

Permanece tu sonrisa, con visiones de quimeras,
      que alivia el llanto y el dolor.

Tu armónico poema

Un arcoíris surge en tu cuaderno,
donde las rosas se embriagan de versos.
Ninguna rivaliza con el arte
que ilumina las noches más oscuras.

En tus dedos, el lápiz se consume
sin comprender el destino que crea.
El inerte papel ignora el tacto
vivo de tu piel.

Huérfana libertad

Cuando la sonrisa nos invade,
los labios palpitan de emoción.
La alegría, la nave en que navegas,
surca los cielos de la libertad.
Libertad que tú defiendes
de los tiranos que solo desean
grabar su nombre lapidario.

Por tu piedad

Por tu piedad,
crecen los bosques,
se alivia el sufrimiento de enfermos y
                              oprimidos.
La frescura de tu sombra
preserva el rocío,
con el que se cultiva devoción
      hacia tu sagrada imagen.

Faro de recuerdos

Anclado, tu recuerdo es firme faro
para náufragos perdidos en el mar.

Los tristes buscan cálido consuelo
en la luz de tu inmenso corazón.

Guardián de los sueños

Abres la puerta en el mundo del sueño,
brillas entre niebla y bruma,
para que los difuntos hallen cielo.
En el susurro de tus labios, nace
la fuerza para vivir.

Tu nombre

Quiero pronunciar tu nombre,
clave secreta de la creación,
    que engendra el agua y el fuego.

Con cada lágrima o cada sonrisa,
despiertan flores, jactándose
    de su insondable somnolencia.

Susurro tu nombre, tu nombre...,
    hasta quedar hipnotizado en su eco.

Melodía ancestral

De antiguos trinos, nace tu balada.
Las aves, extasiadas, te contemplan
mientras vibran enérgicas las notas.

Afortunados, aquellos que te escuchan,
aproximándose a lo excepcional,
para sentir tu inmensa plenitud.

Cuando sueñas

Mientras duermes, en silencio,
   me acerco lentamente a contemplarte.

Cuando sueñas, la música celeste
   te envuelve con su rítmica armonía.

Las estrellas, tus guías de la noche,
dibujan escaleras en el cielo,
   y la brisa acaricia tu frente.

Y Dios creó un cuchillo de papel

I

Un niño ríe en su juego,
danza con ilusiones sin mensaje.
Ojos brillantes, ávidos, descubren
    el cuchillo de papel.

II

Quiero cantar canciones sin palabras,
melodías con ritmo e ingenuidad,
para velarte,
    para arrullarte.

Como un pequeño pájaro

Eres más puro que el rocío
que calma las tormentas.
Habitas en poética ternura,
    amigo de elefantes y de arañas.

Eres como un pequeño pájaro alegre,
con plumaje dorado que te eleva
    hacia un cielo incierto.

Legado de inocencia

Niños delicados,
miradas serenas con fuerza invisible;
vuestras ideas proyectan huellas
que el tiempo guarda y atesora.

El encanto que tenéis es un destello:
susurros de canciones infantiles
que se pierden en el mar.

Consciencia en armonía

Por el suelo buscabas las hormigas,
y mirabas la frente del cordero;
el universo revelaba sus secretos,
la vida, generosa, ofrecía sus racimos,
para olvidar el terror invisible que acecha
    a los hombres conscientes.

Llegará el día en que sientas
    la mirada de los ojos esperados.

La mirada del guardián

Cuando extiendes los brazos,
el búho, guardián de secretos, exhala
capturando susurros que emergen
del alma infantil.

Resuena lo abismal en su lúgubre lamento,
un lamento, enigmático canto nocturno,
que oprime el pecho.

El viento solloza
con voz infantil

Porque sabes que el pan está hechizado,
que en el mar se sumerge la esperanza
   y que es antigua la morada de los
                   hombres.
Porque ves que las flores no traen paz
   y que se alzan brazos suplicantes.
Porque hundirás tus dedos en abismos,
   buscando liberar a las hormigas.
Porque te acercas a los seres del desamparo,
   perdidos en la niebla del olvido.
Porque ves que los días se desangran...,
   el viento solloza con voz infantil.

Silenciosa confesión

Hoy confieso:
Tejiendo la ilusión en unos versos,
mis pensamientos, libres y difusos,
solo anhelan silencio... sin
respuesta.

Sonrisa al alba

En silencio te nombro en la mañana,
mientras la calma envuelve mi existencia.
A los pies de tu lecho,
la certeza del hombre
　　se rinde a tu inocencia.

A veces, justo al despuntar el alba,
tu risa, con destellos de memorias,
extrae de mi mente
　　acordes de consuelo.

Y cuando nada espero,
　　tu luz precede al sol.

Callada luna

La luna nos susurra su secreto:
atravesar la noche sin temor
persiguiendo ideales que apasionen.

Ella, persistente, ansía
mostrar la armonía del cosmos
con notas de la luz envejecida.

La alquimia de
tus versos

El misterio en tus poemas
se oculta.
El origen de tus versos
despierta y vivifica fantasía
    que habita en tus melodías.

La noche se ilumina cuando entonas
el canto del vigilante,
custodio de su léxico de miel,
y guardián de reliquias
    de albatros y dinosaurios.

El universo reflejado
en tu mirada

Mares con navíos de piratas
se adentran en tus ojos,
        cautivos en tus juegos.

Brotan yemas de infancia,
        proyecciones del espíritu.

Dentro de ti germinan las estrellas
y los planetas orbitan
        a la altura de tu risa.

Con tu niñez se expande el universo.

Inmaculada primavera

Es muy probable que en tu sueño vuelen
mariposas violetas y seres de vivos colores,
    protegiéndote desde lo oculto.

La alegría rebosa veloz y desciende
al fondo de una antigua melodía,
cuando la claridad te despierta
    y desperezas sobre la almohada.

El día arde con fulgor humano.
Es posible que en tu médula
se agiten las semillas
    de una inmensa primavera.

La aurora de tu pecho

Cuando lleguen las horas de dolor
y la luna agonice en la oscuridad,
cuando los alaridos de los vientos
impidan el reposo y, en el desvelo,
te hundas en martilleo atronador,
y las palabras pierdan su sentido,
cuando lo único que pase
sea la certera incertidumbre...,
permite que tu pensamiento irradie
sentimientos que apenas supe expresar,
y que ahora caen con esta tinta.
Que no sean palabras, sino amor,
  quien despierte la aurora en tu pecho.

Destellos que prefijan tu destino

Cuando la tierra se cubre de nieve,
tus héroes evocan magia, ofrenda
y sacrificio.

Cuando las palabras centellean,
tu mente encendida modela
el porvenir.

Evocación

¡Qué insignificante es el poema
	frente a tu abrazo!

Tu mirada lo eleva,
hasta que, como espuma, se disipe
	de la memoria.

Desaparece la debilidad,
y nos ampara la necesidad.
Nacimos de una sombra,
	y en esta aurora continuamos juntos.

¡Qué insustancial es el poema
	ante tu abrazo!

La noche de San Juan

Se acerca el momento,
arden las hogueras,
las llamas acarician las estrellas.
Ávido observas el danzar del fuego,
penas antiguas y amargas se tornan cenizas al
viento.
Tus ojos cristalinos, ingenuos testigos,
aguardan el mágico resplandor,
en la hora de las brasas y la alquimia.

Huellas en la madrugada

El silencio me arrebata la voz,
si llamo al hijo de la madrugada.
La casa, envuelta en mantos de silencio,
vibra, aislada, sin respuesta
       a las huellas de preguntas sin sonido.

Capturaba la energía de los árboles del
                              parque,
un alegre muchacho que partió
       a las ciudades de Italia.

Su risa aún resuena,
       y el recuerdo me acompaña.

En la cuna de Italia

Te envuelve la belleza seductora,
la alegría aligera tus pasos,
        buscando descifrar el sentido de las
                                    ruinas.

Con el vigor de los héroes antiguos,
tus brazos se extienden seguros
        abrazando el tiempo remoto.

Descubres baladas olvidadas,
y en el altar de las pruebas,
        tu fiel corazón palpita sin descanso.

Esa llama que me mira

La palabra trasciende sus barreras,
dentro de un edificio sin ventanas.
Como llama viva,
la vida se consume,
y el enigma del espíritu
se desgarra
hasta el hueso de la desolación,
mientras la esperanza, frágil,
se aferra a tu recuerdo.

Evocando las aguas de Venecia

Paseas por Italia,
guiado por otra mano.
Desde la soledad y la tristeza,
te imagino en cada paso.

Tu voz conjura el agua de Venecia.
Tu rostro, lleno de sorpresa, aprende
la luz dorada del atardecer.

Réquiem eterno

Lejos vuelan los pájaros.
Se derrite la nieve,
testigo de la infancia,
por senderos que llevan
    al abismo de la muerte.

La casa, ahora vacía,
resuena con el réquiem
    eterno de Mozart.

Peregrino en Roma

Llega el claro verano,
y el día comienza con ecos vacíos.
Mi sangre, en la sombra, anhela
descifrar los misterios de tu ser,
        como un peregrino en Roma.

Aunque los sueños se han desvanecido,
tengo la dicha de verte.
Sé que podré caminar,
contemplando los cielos,
        mientras tu voz me guíe.

Cuando la tarde cae
sobre mi voluntad,
y el día se apaga,
        entonces, en silencio, llegas tú.

Revelación del oráculo

«La luz se apaga», anuncian los presagios.
Cuando los dioses desciendan...,
recuperaremos la libertad,
      para encontrarnos a la luz del alba.

Visiones errantes, en busca
de tus huellas a través del universo.
Se oyen palabras tan conmovedoras...
Las entrañas lloran con voz ajena;
las piernas tiemblan,
      y al final, agonizan en tu ausencia.

Encendiendo tu lámpara, aguardo
a que las sombras se desvanezcan,
      y los dioses regresen de su cumbre.

Reflejo en la almohada

Eres un ángel sobre la almohada,
portador de semillas de inocencia.
La fantasía nos envuelve con augurios,
sonrientes guiños en campos de luz.
Aquellos guiados por tus intuiciones
	alcanzarán la gloria universal.

Pareces un espíritu que observa,
impaciente, el tortuoso sendero
que, con dolor, algunos seguiremos.
Solo el espejo guarda mi secreto:
	liberación por retorno a la infancia.

La existencia más humilde te conmueve,
y te lanzas en medio de las llamas
	para mitigar el desconsuelo.

Que nunca te marchite la tristeza

Que nunca sufras las desdichas que persiguen
mi alma,
ni tus penas oculten las estrellas.

Que tu ágil pensamiento se despliegue
sobre los futuros más hermosos,
y seas siempre dueño
de la locura y la razón.

Ahora esperas conquistar los días,
cansándote de perseguir la vida,
como un ruiseñor
deslumbrado por las flores.

Vestido con la gracia de tu puro sentimiento,
que la tristeza no te alcance
        ni tan siquiera en la hora del espanto.

Despedida

Quisiera protegerte en la familia,
cuando el relámpago rasgue tu sueño,
pero conozco la sed que te impulsa
    a descubrir un mundo sin fronteras.

Pronunciando tu nombre, quedaré
    con tu ausencia y la huella en estos libros.

Exoducción

Todo es ficción que se desvanece,
cumpliendo los designios de un ciego
                          destino.
Arderán las hogueras de la ofrenda,
sin promesas de eternidad.
El abismo nos empuja,
y en él subsistirá
        la tenue sombra de un sueño.

Ese gusano, al que llaman tiempo,
me corroe el alma.
Todo será consumado.
Cuando no sea nada,
        perviviré en tu aliento.

POESÍAS DE
OMAR DÍEZ PAZO
(5-8 AÑOS)

Unas palabras ante los versos de Omar

A principios de los años 90, en León, compartí con mi amigo y poeta Ángel García Aller las poesías que mi hijo Omar escribía cuando apenas tenía seis años. Ángel quedó impresionado por la frescura y riqueza de sus versos, que capturaban con naturalidad sentimientos íntimos, como el amor por su madre: «¡Oh querido amor! Sin ti me moriría». Asimismo, plasmaba imágenes vívidas de la naturaleza, como «La danza de los rayos» o «El huracán gigante remueve el mar». En sus reflexiones, abordaba temas universales como la complejidad de la vida y la muerte: «Ay, vida, que de mí te apoderas... Pero la muerte, ay, se acerca».

Esta poesía, nacida del juego y la espontaneidad, es una muestra del inmenso potencial creativo que reside en los niños, capaz de conmover y sorprender. Libre de prejuicios, revelaba una genuina expresividad, combinando ternura con una visión que remite a la de los grandes poetas. A través de estos versos, compartimos un espacio íntimo de comunicación, un vínculo donde nuestras emociones y pensamientos se entrelazaban, creando un diálogo que sirvió de puente entre nuestras generaciones.

Todos los niños poseen una capacidad creadora inmensa, un tesoro que debemos valorar y fomentar, pues nos invita a redescubrir la curiosidad y la capacidad de maravillarnos, fundamentos de toda creación artística.

Aunque el proyecto de publicar sus poemas infantiles no se concretó, estas palabras rinden homenaje tanto a la sensibilidad creativa de Omar como al apoyo de Ángel, quien me animó a cultivar su imaginación.

A continuación, se muestra una breve selección de poesías que escribió entre los cinco y los ocho años, presentadas tal como él las concibió, sin alteraciones. Mi deseo es que despierten en el lector el mismo asombro que yo sentí.

Bienvenido Díez Pérez

A mamá

¡Oh querida mamá!
Sin ti... ¿qué haría?

El árbol gigante
me gusta a mí,
como al jilguero
el agua en el verano.

¡Oh querido amor!
Sin ti me moriría.

(1988)

Naufragio

El barco partido oscila
entre las aguas oscuras,
que se rompen en su proa
se deshacen en su popa.

Los marineros aterrorizados
corren por la cubierta.

Las mujeres lloran
y los niños gritan
porque los hombres no vuelven
en la noche fría.

(1989)

Caracola

Caracola del aire,
del viento y mar,
eres tan bella,
caracola del aire
como una estrella.

(1989)

La danza de los rayos

Los veloces rayos submarinos
se ponen en camino,
como salidos del propio cielo.

El agua se destroza
y miles de partes del líquido metal
caen por el recinto.

De repente, una victoria destruida:
la bomba de la tristeza.

(1989)

Papá

Los hombres somos dragones
cuando hace frío,
y cuando hace calor,
somos monstruos de agua.

Mi corazón palpita,
y cuando echo a correr hacia el colegio
me emociono
y a veces tus poesías
me hacen llorar.

(1989)

La fuente

En medio del parque de soledad
la fuente reluce con luz de estrella.

Los ángeles rezan por el lago sagrado,
que en su transparencia alberga los peces de
        la vida.
Poetas que dan la paz al mundo
y que sin ellos moriría como un insecto
en medio del frío universo.

Y de repente
una luz, una energía,
la más preciada,
la que sale de nuestro corazón.

(1990)

Paloma

Palomita del alma,
rosa del campo,
con tus primos burlones
retozando en las ramas
y tus abuelos cantando.

(1990)

Las flores

Las flores, puntos blancos
en la soledad del verde jardín;
blancas, violetas, rojas y amarillas
en tumbas y tundras
haciendo homenaje al mundo
entre todos los universos.

(1990)

Aquel niño

Su cuerpo rígido y frío
descansaba suavemente
bajo los árboles verdes,
y quieto como una estatua
con el ritmo respiraba.

(1990)

El metro

El metro, angosto y negro hasta el último
rincón
donde las palabras alocadas
que surgen de nuestras bocas
vuelan desvaneciéndose en el vacío.

(1990)

Italia

Roma con sus monumentos de fuego
y sus teatros de aire,
ciudad encantada de los dioses,
ciudad de felicidad.

Las gotas de rocío,
que ciegan al sol con su brillo,
relucen como la plata.

El huracán gigante remueve el mar,
mientras las ruinas de Pompeya
parecen echar a andar.

(1990)

El sol se va poniendo

Hecho tiras, el Sol se va poniendo
entre las sombras escarchadas,
y los pájaros rojos, verdes y amarillos
se retiran a su cálido reposo.

Van desapareciendo los verdes reflejos
de las cristalinas aguas,
mientras revolotean alrededor los plateados
peces
que sorprendidos huyen de la negra realidad.

(1991)

ET

La silenciosa nave de ET desciende
para llevarse,
en su interminable viaje estelar,
la alegría de humanos que creen en sí mismos.

(1991)

Oda a la vida

Ay vida, que de mí te apoderas
cuando felices fotos vengo a recordar
y la risa ilumina mi cara.
Pero la muerte, ay, se acerca
y puede partirte en mil pedazos,
si su sombra oscureciera tu humilde claridad.

(1991)

El rey ahogado

Tu cuerpo descansa
en tu ataúd de lino
y tu título y tu nobleza
no han hecho nada
para que no mueras
como el más humilde
de los mortales.

(1991)

Color

Azul, mina inagotable.
Verde, fábrica de Dios.
Rojo, destructor.
Negro: dada está la muerte para mí.

(1992)

Índice

Poesías de Omar Díez Pazo (5-8 años)